AF313437

VENTE

Des 27 et 28 Décembre 1905

A 2 HEURES 1/4

HOTEL DROUOT, SALLE N° 9

——— ✳ ———

EXPOSITION PUBLIQUE

Le Mardi 26 Décembre 1905

DE 2 A 6 HEURES

Meubles et Objets d'Art

DE LA CHINE ET DU JAPON

IVOIRES - BOIS SCULPTÉS - BRONZES

ARMES - KAKÉMONOS

TABLEAUX MOSAÏQUES - PORCELAINES - FAÏENCES

Broderies et Tapis Anciens

Mᵉ **Gustave COULON**

COMMISSAIRE-PRISEUR

12, *rue de la Victoire, Paris*

M. REINACH

EXPERT

17, *Rue Drouot*

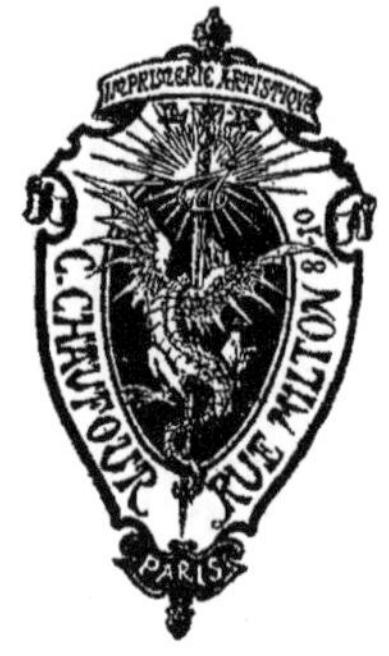
IMPRIMERIE ARTISTIQUE
C. CHARDON
8 RUE MILTON
PARIS

CONDITIONS DE LA VENTE

Elle sera faite expressément au comptant.

Les acquéreurs paieront 10 o/o en sus des enchères.

L'exposition mettant le public à même de se rendre compte de l'état des objets, il ne sera admis aucune réclamation une fois l'adjudication prononcée.

PARIS — IMP. C. CHAUFOUR, 8 & 10, RUE MILTON

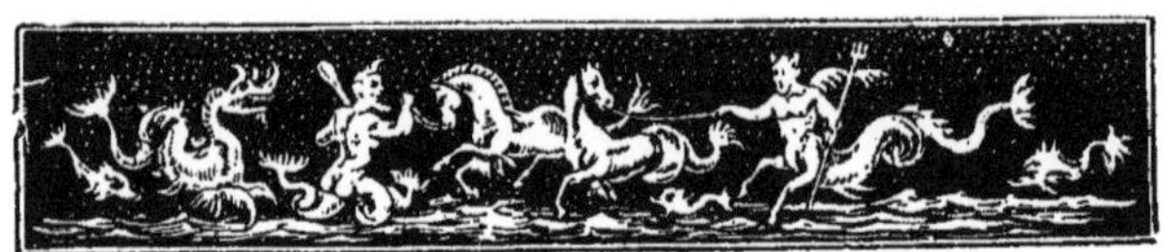

DESIGNATION

IVOIRES

1 — Groupe d'enfants et fétiches.

2 — Petit groupe d'enfants.

3 — Chacal tenant une tête de mort.

4 — Groupe : personnage et fétiche.

5 — Enfant jouant à la toupie.

6 — Enfant couché.

7 — Personnage accoupi.

8 — Fétiche et enfant.

9 — Femme tenant un lotus.

10 — Groupe : marchande, femme et enfant.

11 — Chinois cuisinant.

12 — Guerrier tenant sa barbe.

13 — Enfant tenant un panier.

14 — Groupe allégorique.

15 — Poisson.

16 — Artisan se servant à boire.

17 — Groupe d'enfants jouant.

18 — Enfant travaillant un masque.

19 — Hyène en arrêt.

20 — Cavalier.

21 — Femme portant un enfant.

22 — Fillette effrayée par un escargot.

38 — Bateleur avec singe.

39 — Groupe d'enfant prenant le thé.

40 — Groupe de guerriers.

41 — Boîte sculptée et boîte à opium en laque.

42 — Singe tenant une feuille de lotus.

43 — Pêcheur et son enfant.

44 — Bateleur avec singe.

45 — Groupe : Personnage et enfant.

46 — Paysan et enfant tenant une grappe de raisin.

47 — Campagnard.

48 — Paysan tenant des fruits.

49 — Bûcheron.

50 — Femme tenant un éventail.

51 — Coffret orné d'un paysage avec oiseaux.

51 *bis* — Dieu de la paternité.

BOIS SCULPTES ET AUTRES

52 — Tête de dragon.

53 — Groupe de masques.

54 — Pèlerin religieux.

55 — Chanteur.

56 — Lièvre.

57 — Groupe de crapauds.

58 — Boîte avec masque.

59 — Noix d'areck sculptée.

60 — Coffre espagnol du XVIIe siècle, marqueterie de bois, nacre et ivoire.

61 — Panneau ancien, incrustations nacre.

62 — Panneau ancien, incrustations nacre.

63 — Coffret ancien, incrustations nacre.

MEUBLES

COFFRETS ET PANNEAUX

64 — Cabinet chinois ancien, incrustations avec figures.

65 — Grand cabinet chinois ancien à deux corps, incrustations avec figure.

66 — Deux supports bois sculpté.

67 — Petit cabinet ancien, incrustations et laque doré.

68 — Deux grands panneaux, personnages, laque or.

69 — Coffret carré laqué or et incrustations métalliques.

70 — Coffret long laqué or et incrustations métalliques.

71 — Deux panneaux, incrustations ivoire et nacre.

72 — Deux panneaux personnages.

73 — Deux étagères bois doré et sculpté. Anciennes.

74 — Cinq tableaux. Panneau pierre, sujets : fleurs en émail sur bois empierré.

75 — Coffre à liqueurs.

76 — Coffret Coréen.

77 — Coffret rond Annamite.

78 — Petit Cabinet Chinois laqué or avec écritoire.

79 — Lanterne Japonaise.

80 — Porte-livre, ornements ivoire. **Travail Indien.**

PORCELAINES ET FAIENCES

81 — Potiche grés avec dragon. Vieux Chine.

82 — Deux vases Satzuma, personnages et dorure.

83 — Deux vases satzuma craquelé avec reliefs.

84 — Deux vases satzuma craquelé : grues et reliefs.

85 — Grand vase Chine décor bleu.

86 — Assiette ornements Chine, sujet : Joyeux tonnelier.

87 — Assiette ornements Chine, sujet : Le Christ en croix.

88 — Assiette ornements Chine, sujet : Les Pélerins.

89 — Assiette ornements Chine, sujet : Dessin imaginaire.

90 — Assiette ornements Chine, sujet : Scène galante.

91 — Assiette ornements Chine. sujet : Scène galante, le baiser.

92 — Grand plat ornements Chine, sujet mytho-logique.

93 — Grand compotier porcelaine de Vienne.

94 — Bonbonnière Saxe.

95 — Bonbonnière Vienne.

96 -- Sujet en Saxe. Pierrot.

97 -- Sujet en Sèvres. Baiser du faune de Hou-don.

98 — Cuvette en Delft. Décor bleu. Faïence.

99 — Plat décor papillons.

100 — Grand bol avec couvercle. Siam.

101 — Grand bol avec couvercle. Siam.

102 — Bol plus petit avec couvercle. Siam.

103 — Bol sans-couvercle. Siam.

104 — Bol plus petit sans couvercle. Siam.

105 — Une figure, femme Coréenne.

106 — Une figure, bateleur Coréen.

107 — Une figure, juge Coréen.

108 — Vase ancien, faïence cloisonnée.

109 — Service à thé. porcelaine du Japon.

110 — Vase vieux Chine, fleurs en relief sur fond noir.

111 — Bonbonnière en Saxe (chou).

BRONZES

112 — Deux chimères avec pieds bronze.

113 — Brûle-parfum.

114 — Deux porte-bouquets ornements, tortues et dragons.

115 — Grand vase bronze avec anses.

116 — Vase ornement papillons.

117 — Déesse indienne.

DIVERS

118 — Canne ivoire monture argent.

119 — Poignard de pirate Malais, poignée ivoire
sculptée. Ancien.

120 — Poignard Malais lame damasquinée. Ancien.

121 — Poignard Malais lame damasquinée. Ancien.

122 — Poignard Malais lame damasquinée. Ancien.

123 — Poignard Malais lame damasquinée. Ancien.

124 — Poignard Malais lame damasquinée. Ancien.

125 — Poignard Malais lame damasquinée. Ancien.

126 — Poignard Malais lame damasquinée. Ancien.

127 — Sabre Japonais fourreau laqué.

128 — Sabre Japonais fourreau laqué.

129 — Poignard de sultan de Mascate, garniture argent filigrane.

130 — Poignard fourreau argent.

131 — Poignard japonais fourreau laqué.

132 — Poignard japonais fourreau laqué.

133 — Poignard japonais fourreau peau de requin.

134 — Poignard de sauvage du fleuve des Amazones.

135 — Tableau mosaïque, Pêcheur.

136 — Bracelet argent ornement des femmes de Mascate.

137 — Bracelet argent ornement des femmes de Mascate.

138 — Poignard manche jade.

139 — Boucle en jade.

140 — Coupe-papier nacre.

141 — Porte-bonheur jade pied bois dur.

142 — Ornement en jade, cerf.

TAPIS ANCIENS

143 — Tapis Afghanistan.

Long. : 2 m. Larg. : 0^{m}g3.

144 — Tapis de prière Khoraçan.

Long. : 2^{m}15. Larg. : 1^{m}25.

145 — Tapis marocain.

Long. : 2^{m}35. Larg. : 1^{m}45.

146 — Tapis Afghanistan.

> Long. : 2ᵐ3o. Larg. : 1ᵐ15.

147 — Tapis persan.

> Long. : 1ᵐ85. Larg. : 1ᵐ10.

148 — Tapis Kurdistan.

> Long. : 3ᵐ35. Larg. : 2 m.

149 — Tapis Kurdistan.

> Long. : 3ᵐ9o. Larg. : 1ᵐ5o.

KAKEMONOS

150 — Kakemono broderie.

151 — Kakemono broderie.

152 — Kakemono, peinture sur soie fleurs et oiseaux.

153 — Kakémono, Enfants au jeu. Sépia.

154 — Kakemono, paysage et animaux.

155 — Kakemono, Religieux chinois.

156 — Kakemono, Religieux chinois.

157 — Kakemono, broderie sur soie.

158 — Kakemono, biseaux et branchage.

159 — Kakemono, scène de festin.

160 — Kakemono, Vieillard et enfant.

161 — Kakemono, broderie sur soie.

162 — Kakemono. Chrysanthèmes.

163 — Kakemono. Arbre.

164 — Kakemono. Peinture et broderie : Oiseaux et fleurs.

165 — Kakemono. Groupe de fleurs.

ALBUMS

166 — Album. Peintures sur soie, douze paysages.

167 — Album. Fleurs.

ETOFFES

BRODERIES MAROCAINES ANCIENNES
ET AUTRES

168 — Tenture soie. Style Assyrien.

169 — Tenture soie.

170 — Panneau brodé soie.

171 — Panneau brodé soie.

172 — Panneau fond rouge.

173 — Tenture fond bleu.

174 — Tenture à bandes velours noir.

175 — Tenture dessins soie rouge.

176 — Couverture de coussin rouge.

177 — Couverture de coussin couleurs diverses.

178 — Tenture fond bleu.

179 — Tenture à bandes de velours noir.

BRODERIES CHINOISES

ANCIENNES ET AUTRES

180 — Portière fond bleu, décor dragon.

181 — Serviette broderie crétoise.

182 — Quatre pièces broderie, fleurs et ornements.

183 — Serviette de Rhodes.

184 — Serviette de Rhodes.

185 — Serviette broderie de Milo.

186 — Serviette broderie ancienne.

187 — Deux bandes fond blanc.

188 — Serviette brodée d'or.

189 — Ornement d'autel. Trois pièces dragon.

190 — Robe chinoise. En pièce.

191 — Bande pièce vieux brocard Chine.

192 — Ornement d'autel. Trois pièces fleurs.

193 — Bande brocart bleu et or.

194 — Tenture bouquet de fleurs sur fond jaune.

195 — Robe de prince. Dragons.

196 — Pièce étoffe soie rouge avec fleurs en relief.

197 — Pièce étoffe soie violette fleurs et papillons.

198 — Robe de dame fleurs et or.

199 — Bandeau fond noir oiseaux et or.

200 — Portière impératrice de Chine et dame d'honneur.

202 — Table marqueterie chinoise avec dessus marbre formant damier.

203 — Un écran, bois dur, marqueterie et bro-
deries chinoises.

204 — Gobelet chinois argent.

205 — Statuette en jade.

206 — Statuette en jade.

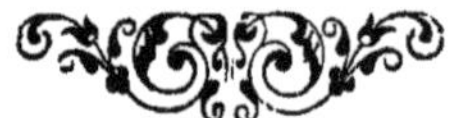

9 782329 614717